# ADRESSE

## DES

# ADMINISTRATEURS

## DU

# DÉPARTEMENT

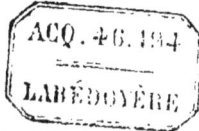

# LA MARNE,

*SUR les Mandats territoriaux.*

A CHAALONS,

Chez PINTEVILLE-BOUCHARD, Imprimeur du département.

AN IV DE LA RÉPUBLIQUE.

# DÉPARTEMENT

## DE LA MARNE

# LES ADMINISTRATEURS

### DU DÉPARTEMENT DE LA MARNE,

## A LEURS CONCITOYENS,

*Sur les Mandats territoriaux.*

CITOYENS,

LA Guerre et ses fureurs, les besoins renaissans qui marchent à sa suite, la lutte de toutes les factions, l'instabilité de toutes les opérations, les dilapidations de tous les vampires qui n'ont accaparé les emplois que pour s'enrichir de vos dépouilles, et les manœuvres de l'agiotage puissamment

A

secondé par la perfidie de l'étranger, ont amené la déplorable abondance des assignats, et de cette funeste abondance sont nés leur avilissement et leur propre destruction.

Tout - à - coup l'industrie s'est trouvée paralysée, et le commerce anéanti. Ce qui reste de numéraire n'est mis dans la circulation que par l'extrême nécessité, et à l'instant de son apparition l'égoïsme s'en saisit, et la peur l'enfouit pour ne plus le laisser reparaître. Nous sommes fondés à croire qu'il n'y a pas dans toute la France pour 400 millions de numéraire ; cependant les besoins de la République sont immenses, et s'il n'y a pas de moyens d'échange, s'il n'y a pas de signes représentatifs des denrées de toute espèce, que deviendra la classe nombreuse des non - propriétaires ? que deviendrait l'immense majorité des Français, sans argent et sans un papier-monnaie qui le représente et qui remplisse son office ? La défection de nos armées, la division de la République et l'invasion des hordes ennemies amènent dans nos murs

la famine , la désolation , le pillage et la
mort; SANS LES MANDATS TERRITO-
RIAUX POINT DE SALUT.

Le Corps législatif, dont l'intérêt, dont
l'existence ne peuvent se séparer des intérêts du peuple , après avoir examiné lon-
guement quels étaient les moyens de pour-
voir aux besoins de l'état , de ressusciter
le crédit et d'activer le commerce et l'industrie , a fait tourner au profit de la chose
publique jusqu'à l'égoïsme lui-même , jusqu'à la défiance dont il ne s'est pas dissi-
mulé l'universalité. Il a créé des *mandats
territoriaux* , et pour déjouer l'agiotage ,
il a donné à ce papier-monnaie plus de
valeur , plus de puissance que n'en eut
jamais le numéraire.

Un exemple , citoyens , va transformer
en vérité positive une assertion qui paraît
sans doute paradoxale à ceux qui n'ont pas
calculé encore tous les avantages que pro-
duit le nouveau papier-monnaie.

Avec des *mandats territoriaux* un citoyen
se présente quand il lui plait , et dans toutes

lés parties de la République, pour acquérir un bien-fonds national à sa convenance : sans formalités longues et dispendieuses, sans concurrence nuisible à ses intérêts, sans enchères, il donne vingt-deux fois la valeur du fermage de ce bien-fonds dont il devient propriétaire assuré ; et lorsqu'autrefois on ne retirait jamais plus de 2 à 3 pour cent des produits de biens-fonds, aujourd'hui il retire de sa nouvelle acquisition faite en mandats, 4 à 5 pour cent d'intérêts.

En 1790, quand le numéraire était en circulation, ce même capitaliste désirait-il acquérir un bien national valant 30 mille livres valeur métallique? Il avait à courir toutes les chances de l'enchère et souvent par la concurrence, il était obligé de payer ce bien de 30 mille livres, jusqu'à 35, 40 ou 50 mille livres, et c'était en numéraire qu'il acquittait cette somme.

D'après ce rapprochement exact et vrai, il est donc bien démontré que le *mandat* a une valeur plus puissante que celle de l'or ; car , comme l'a dit Le Couteulx, pour juger de la valeur du *mandat* , il ne s'agit pas de le mettre en opposition avec l'or ; il ne s'agit pas de savoir combien avec mille livres en *mandats* on aura de pièces d'or , mais combien on aura de terres , et avec elles , de moyens de se nourrir. Cette richesse-là n'est point une richesse conventionnelle ou précaire ; la Nature qui ne joue point à la hausse ou à la baisse , fournit à son propriétaire des valeurs positives.

Il ne s'agit point pour qu'un papier-monnaie mérite la confiance de tous , que chacun achète des biens-fonds. Les fonctionnaires publics , le commerçant , le rentier et l'artisan n'auront de long-tems assez de capitaux à employer à cet usage ; mais il suffit que chacun puisse en tout tems acquérir avec des mandats , pour que ces mandats conservent leur valeur ; s'ils la conservent , il devient inutile d'en augmenter la masse.

Cette masse sera de deux milliards 400

millions, et elle sera plus que suffisante pour tous les besoins de l'État. Pourrait-on douter de la solidité de leur gage ? Ou dira-t'on qu'il n'y a pas dans la République assez de biens nationaux pour employer cette quantité de *mandats* ? Eh bien! nous avons la presque certitude qu'il y a une masse libre de biens nationaux montant à huit milliards quatre cent millions valeur métallique, ce qui sera démontré évidemment par l'état des biens qui restent à vendre, dont le Gouvernement a ordonné la publication.

Notre sort, Chers Concitoyens, est entièrement dans nos mains ; notre salut est dans le succès des *mandats* et n'est absolument que là. *Que la loi sur les mandats soit fidèlement observée et la France sort de la révolution* ; nos plaies se cicatrisent, l'anarchie, l'hideuse anarchie qui s'agite de nouveau pour détruire le mandat, disparaît de notre sol trop long-tems souillé, trop long-tems dévasté par ses coupables efforts.

Nous en appellons à vos consciences,

Citoyens ; quel est celui d'entre vous qui ,
s'il n'écoutait que ses besoins et son vœu ,
ne préconiserait pas les *mandats territoriaux* ? Que nous importerait de quelle
forme , de quelle couleur est le signe avec
lequel , faisant toutes nos transactions com-
merciales , nous pouvons satisfaire aux
besoins de la vie , si le passé ne nous lais-
sait pas d'amers souvenirs , et si l'avenir ne
nous offrait pas de tristes présages ? Eh
bien ! ces souvenirs douloureux , ces tristes
présages doivent s'effacer , disparaître de-
vant le papier-monnaie que vous offrent le
Législateur et le Gouvernement , parce
qu'il est le gage de la prospérité publique ,
parce qu'il repose sur la loyauté du Gouvernement qui s'anéantit sans la confiance , parce que des biens immenses
deviennent sa garantie.

Les Américains virent le papier-monnaie qui leur servit à conquérir la Liberté
tomber dans un avilissement pareil à celui
qui détruisit l'assignat Français ; mais dès
que leur gouvernement devenu positif,
ferme , fut sanctionné par la confiance , le

papier-monnaie raviva toutes les sources
de l'industrie, et reprit sa première valeur.
Cependant son gage n'offrait peut-être pas
la même solidité, le même avantage. Il
fallait pour en jouir des frais immenses de
défrichemens, une espèce de transmigra-
tion. Celui qu'on vous assure est à la portée
de tous les acquéreurs ; il devient une pro-
priété facile, commode, incontestable, et
le papier-monnaie sur lequel il repose n'ob-
tiendrait pas la confiance qu'avait recon-
quise le papier Américain !

Administrateurs et administrés, fonctionnaires publics et soldats, commerçans
et artisans formons tous une sainte ligue
contre les dépréciateurs du *mandat*. Ils sont
de deux classes ces dépréciateurs, comme
les deux parties qui rongent le tronc de la
constitution. Les uns qui ne veulent point
la République constitutionnelle, mais la
République de Robespierre, travaillent à
l'avilissement des mandats dans l'espérance
de détruire un gouvernement qu'ils ont
voulu circonvenir, qu'ils ont tenté de
tromper et qui les observe de trop près. Il

est si douloureux pour eux d'être un tant
soit peu muselés , de n'avoir pas encore
envahi tous les emplois , dévoré toutes les
fortunes , détruit toutes les réputations ,
qu'il est tout simple que jettant dans le
passé qu'ils regrètent , leurs sinistres re-
gards , ils ne s'agitent , vocifèrent , et à
l'exemple des Harpies , n'empoisonnent
tout ce qu'ils touchent.

Les autres dépréciateurs sont les parti-
sans déterminés de la Royauté à qui il importe peu que tout s'abîme , tout s'anéan-
tisse , pourvû qu'ils soient vengés de l'au-
dace plébéienne , et que le régime qui leur
a oté leurs priviléges ne demeure pas de-
bout. Critiques déhontés de tout ce qui
est et de tout ce qui a été , pusillanimes
dans l'adversité, incorrigibles et platement
ironiques quand un gouvernement ferme ,
juste et constitutionnel prépare sans re-
lâche la prospérité publique et le remède
à tant de maux , ils ne savent que nuire
à ce qui est utile , s'emparer de toutes les
circonstances et tendre à une désorgani-
sation dont ils seraient les premières vic-
times.

Nous ne vous parlerons pas de l'agiotage, cette écume révolutionnaire qui, bouillonnant au centre de la République, se répand dans toutes ses parties. A l'exemple des vers qui souillent la feuille qui les nourrit, les agioteurs avilissent à leur naisance, les *mandats territoriaux*, pour, après les avoir accaparés, envahir les propriétés nationales. Rassurons - nous, le tems n'est pas éloigné peut-être où le mépris, l'indignation publique et les lois affranchiront la société de ce fléau destructeur.

Vous tous qui avilissez le Gouvernement et qui, repoussant toutes ses opérations, arrivez au même but par des routes différentes, qu'attendez-vous donc de vos complots et de vos entreprises et de votre perfide conduite ? L'entrée des ennemis ? la défection de nos armées ? la désertion de nos troupes ? la division de nos vastes territoires ? .... Eh bien ! supposons un instant que non lassée de nous punir, la Providence brise les barrières qui ceignent la République : l'Autrichien, l'Anglais, l'Ha-

novrien, le Russe entrent dans vos habi-
tations : qui l'étranger distinguera-t-il dans
sa fureur ? sur vos toits embrasés, sur vos
figures cadavéreuses, sont-ils écrits vos
noms, vos goûts, vos opinions plus ou
ou moins destructives de l'ordre constitutionnel ? Eh ! qu'importe donc à l'étranger
que vous soyez Montagnards, Royalistes
de 1791 ou de 1793, modérés Feuillans,
Robespierristes ; que vous ayiez ou non
les livrées et les couleurs de telle ou telle
Tyrannie ! .... Il use indistinctement de
l'épouvantable droit du vainqueur : vous
êtes Français, il suffit : il pille vos mai-
sons ; il égorge vos vieillards et vos pères ;
il déshonore vos filles , et , sur la popula-
tion décimée qui survit , il prélève des em-
prunts autrement accablants que celui dont
votre propre salut vient d'ordonner le ver-
sement.

Citoyens, nous le répétons en finissant,
SANS LES MANDATS POINT DE SALUT ;
avec les Mandats nous aurons la Paix , le
repos et le bonheur : choisissez.

# EXTRAIT

## Des Registres de l'Administration Départementale de la Marne.

Séance du 15 Germinal, an 4.e de la République Française.

L'ADMINISTRATION DÉPARTEMENTALE, après avoir entendu la lecture de l'adresse ci-dessus proposée par un de ses membres,

Ouï sur ce le Commissaire du Directoire exécutif, en invitant tous les bons citoyens à lui donner la plus grande publicité,

ARRÊTE que la présente adresse sera imprimée, publiée et affichée dans toutes les communes de son ressort; charge les agens municipaux d'en donner lecture aux citoyens assemblés.

Signé au Registre MOUTON, Président; DEBRANGES, J. CHARRON, MANGET, GOBERT, Administrateurs, et PETIT, Secrétaire-général. + Blanchien Com.re du Directoire exécutif.

Pour Ampliation:

PETIT, Secrétaire-général.

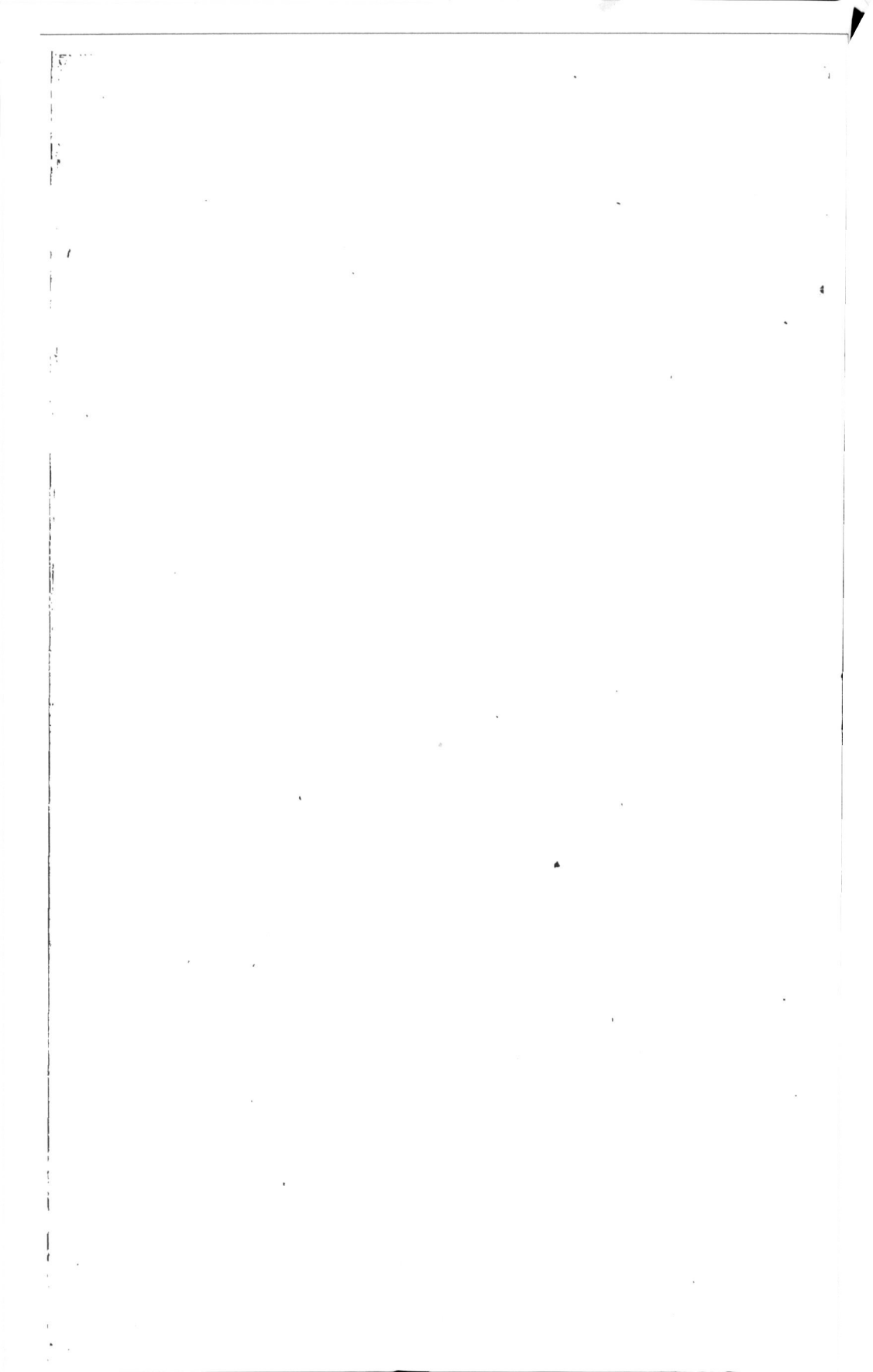